LA LANTERNE.

DE

DIOGENE.

LIVRES

Qui se trouvent chez le même Libraire.

**OEuvres de Pigault-Lebrun, 44 vol. in-12,
84 fr.**

— Le Nouveau Savant de Société, 2 gros vol. in-12,
ornés de 13 fig.   6 fr.

> Le premier volume contient les jeux de société pro-
> prement dit ; le second un recueil de cent dix
> tours, par M. du Cœur-Joli, auteur du nou-
> veau Comus, suivi des règles des jeux de la Bouil-
> lotte et du Boston.

Histoire de Napoléon Ier., Empereur des Français,
depuis sa naissance jusqu'à la paix de Tilsitt,
5 vol. in-12, ornés des portraits de leurs Majestés
Impériales et Royales,   15 fr.

La Femme à Projets, ou l'Abus de l'esprit et
des talens ; par Dorvigni, 4 vol. in-12. 7 f. 50 c.

Le Cuisinier impérial, 1 vol. in-8°. 2e. édit. 6 fr.

Dictionnaire abrégé de toutes les Mythologies,
2 vol. in-18, imprimés sur grand raisin, 6 fr.

Lina, ou le Mystère, opéra en 3 actes, par M***.
musique de M. Dalayrac,   1 fr. 50 c.

— Une Journée chez Bancelin, vaud. en un acte, de
Moreau Francis,   1 fr. 20 c.

Taconet, ou le Réveillon de la Courtille, vaud. en
un acte, de Francis, Moreau et désaugiers 1 fr. 20 c.

Tapin, ou le Tambourineur de Gonesse, folie-vau-
deville en un acte, de Martinville.   1 fr. 20 c.

— La Queue de lapin, mélodrame en 3 actes de MM.
Frédéric et Ribié.   1 fr. 20 c.

LA LANTERNE
DE
DIOGENE,

Pantomime équestre,

A grand spectacle, avec Marches, Evo-lutions et Tournois,

Formant quatre petits Tableaux de quatre grands Siècles.

Par J. G. A. CUVELIER,

Capitaine de Cavalerie, Associé correspondant de la Société Philotechnique.

Musique arrangée par M. NAVOIGILLE.

Représentée, pour la première fois, à l'ouverture du Cirque Olympique, le 28 décembre 1807.

PARIS,

BARBA, Libraire, Palais-Royal, derrière le Théâtre Français, N°. 51.

1808.

PERSONNAGES. ACTEURS.

DIOGENE. — MM. *Gougibus.*

GRAND PRETRE d'Apollon, — *Parisot.*

Deux Enfans grecs. — { *Adolphe.* *Émile.*

LA PITHIE. — Mad. *Tigé.*

ALEXANDRE-LE-GRAND. — *Franconi aîné.*

EPHESTION. — *Lebeau.*

C. AUGUSTE. — *Franconi jeune.*

MINISTRE D'AUGUSTE. — *Rousseau.*

LE FILS DU MINISTRE. — *Gougibus jeune.*

CHARLEMAGNE. — *Gourier.*

Trois Femmes Grecques. — { Mesd. *Montcassin.* *Gougibus.* *Denise.*

LA PAIX. — Mad. *Franconi aînée.*

LA VICTOIRE. — Mad. *Franconi jeune.*

Prêtres et Prêtresses d'Apollon.

Conjurés romains.

Suite d'Alexandre.

Suite d'Auguste.

Licteurs.

Soldats de Charlemagne.

Généraux, Officiers et Soldats français du 19e. siècle.

Les Muses.

Les Arts.

La Scène se passe à Delphes, à Babilone, à Rome,
près d'Aix-la-Chapelle ; et à Paris.

AVIS AU LECTEUR.

Diogène cherchant un homme et *soufflant sa lanterne* lorsqu'il l'a trouvé, m'avait toujours paru un sujet extrêmement populaire, et je crois que ces sortes de sujets conviennent essentiellement à la pantomime.

Nous avons vu tout Paris s'arrêter, en applaudissant, devant un semblable croquis faiblement illuminé, à l'époque du retour du héros de la France ; j'ai cru appercevoir dans ce mouvement unanime la certitude du succès, si cette idée pouvait être développée et ennoblie sur la scène, et en la ployant au langage muet de la pantomime, j'ai imaginé qu'elle conviendrait d'autant mieux à ce genre, qu'elle était plus connue.

Avant d'amener Diogène en présence de *l'homme* qu'il cherche, j'ai voulu lui faire faire quelques épreuves sur d'autres héros, en partant du siècle où vivait ce philosophe.

On conçoit que dans un si grand espace, si j'avais présenté tous les grands capitaines, ou sages qui ont le plus ou moins mérité le titre glorieux d'*homme*, j'aurais fait une *Lanterne magique* sans fin et sans liaison ; il a donc fallu me restreindre à un petit nombre de tableaux, pris dans des siècles différens, qui prêtassent à la magie du spectacle, en faisant un choix parmi les grands princes dont les hautes vertus et les vastes conceptions ont tour-à-tour amélioré ou étonné le monde ; mais il fallait motiver le refus de la palme à chacun d'eux, pour la conserver à celui qui réunit en lui seul les qualités de tous. Je crois en avoir trouvé le moyen dans le développement des feuilles du Destin : ainsi les inscriptions, qui, en général, dans la pantomime annoncent la sécheresse de l'imagination et le défaut de ressources pour se faire comprendre, deviennent ici nécessités par le sujet même.

Les personnages ont été choisis pour jeter de la variété dans les tableaux, et faire briller les talens équestres de Messieurs Franconi. D'un autre côté, les scènes de pantomime n'étant, en quelque sorte, qu'accessoires aux travaux du Cirque, je n'ai pu faire qu'une esquisse, et non pas un ouvrage : si on me trouve au-dessous de mon sujet, voilà mon excuse.

LA LANTERNE

DE

DIOGÈNE.

SCENE PREMIERE.

Le théâtre représente les environs du temple
de Delphes : à droite, l'entrée du temple, avec
une inscription qui l'indique ; à gauche, le
tonneau de Diogène, et plus loin, une fontaine.

DIOGENE seul.

Il sommeille dans son tonneau.

SCENE II.

DIOGENE, plusieurs Grecs, deux enfans.

Différens personnages viennent examiner
Diogène avec une maligne curiosité : il se réveille, et fait ranger brusquement le plus re-

marquable d'entr'eux, qui s'est placé devant son tonneau, en lui disant: *retire-toi de mon soleil.* Il va près de la fontaine pour y puiser de l'eau, avec un vase de bois qu'il porte à sa ceinture. Appercevant un enfant qui boit de cette eau dans le creux de sa main, il l'imite, et brise son vase de bois, comme un meuble superflu.

Il allume sa lanterne, et *cherche un homme* parmi les différens personnages qui l'environnent : il ne peut en trouver un qui réponde à son attente; il exprime son dépit.

Diogène perçant la foule qui l'entourre et se mocque de lui, va frapper à la porte du temple.

La porte s'ouvre, une grande flamme en sort ; les Grecs s'enfuyent épouvantés, et le philosophe reste seul.

SCENE III.

DIOGENE, UN PRÊTRE.

Un prêtre d'Apollon sort du temple, et demande à Diogène ce qu'il désire; le cinique

veut consulter l'oracle pour savoir s'il réussira
à trouver l'objet de sa cons'ante recherche.

Le prêtre lui signifie que les Dieux vont
être consultés.

SCENE IV.

Les Precedens, UN GRAND PRÊTRE,
PRETRES ET PRETRESSES de différentes classes.

On entend dans le lointain une marche religieuse ; les prêtres sortent du temple avec
ordre, portant un autel, de l'encens, le livre
des destins, et tout ce qu'il faut pour un sacrifice.

Après la marche, le feu sacré s'allume sur
l'autel, et le profane interroge l'interprète
des Dieux.

Cérémonie religieuse, invocation, conjur-
ation.

SCENE V.

Les Precedens, LA PITHIE.

Le ciel s'obscurcit, la foudre gronde, la

Pithie sort du temple, elle s'assied sur le trépied sacré : à côté d'elle, s'élève de terre une
table de marbre noir ; la Pi hie, à la voix du
Grand Prêtre, éprouve les convulsions qui
précèdent l'inspiration divine. Elle prend
dans ses cheveux un stilet d'or, et écrit l'o-
racle suivant, qui se grave sur le marbre en
lettres enflammées.

Tu cherches un homme ?

Descends dans les siècles à venir ,

Tu le trouveras.

Le Grand Prêtre fait lire cette inscription
à Diogène, qui essaye d'en pénétrer le sens.
Une colombe descend du ciel, et apporte à la
Pithie un rameau d'or qu'elle remet à Diogène,
ensuite elle disparaît avec la table de marbre
et le trépied.

SCENE VI.

LES PRECEDENS, excepté LA PITHIE.

Les objets servant au sacrifice ont été en-
levés ; les prêtres sont rangés des deux côtés

de la scène; Diogène surpris de tout ce qu'il vient de voir, consulte de nouveau le Grand Prêtre, qui lui indique que, pour parvenir au but qu'il s'est proposé, il doit se servir du rameau d'or que la Pithie a laissé dans ses mains. Les prêtres sortent, à l'exception du chef, et de deux enfans qui portent le livre du destin.

Conduit par le grand prêtre, le philosophe après avoir posé la lanterne allumée sur un piédestal, va au fond de la scène et touche la décoration qui s'ouvre et laisse voir les différens tableaux.

SCENE VII.

LES PRÉCÉDENS, ALEXANDRE, et sa suite.

(Sujet du premier tableau.)

L'entrée triomphale d'Alexandre dans Babylonne.

Alexandre est sur son char, traîné par des éléphans, il est environné des trophées de ses victoires. Ephestion à la tête de la cavalerie macédonienne , précède le char , les captifs enchaînés le suivent et sont suivis à leur tour par l'infanterie qui porte les objets d'art conquis sur les Perses.

(Après la marche triomphale le cadre se referme.)

SCENE VIII.

LES PRECEDENS, excepté les personnages du tableau.

Diogène entousiasmé de ce qu'il vient de voir , va pour éteindre sa lanterne, croyant avoir trouvé le *VIR* qu'il cherche avec tant d'ardeur ; à un signal du chef des prêtres , le grand livre des destins , est apporté ouvert , et on lit ces mots :

INCENDIE DE PERSÉPOLIS.

(Le livre est refermé.)

Diogène dirigé par le grand - prêtre, retourne au fond de la scène et déploye une seconde fois la vertu du rameau d'or.

SCENE IX.

LES PRECEDENS, CESAR - AUGUSTE, son ministre.

(Sujet du deuxième tableau.)

La clémence d'Auguste.

Auguste est endormi sur un lit de repos, dans un cabinet particulier ; un de ses ministres le réveille et lui montre le plan d'une conspiration dirigée contre lui ; Auguste se soulève avec agitation, lit le parchemin qui lui est présenté ; témoigne de l'indignation et appelle ses gardes.

SCENE X.

LES PRECEDENS, Soldats romains.

Auguste fait cacher ses gardes, en leur ordonnant de se tenir prêts au premier signal. Le ministre se retire.

SCENE XI.

LES PRECEDENS, trois conjurés, les gardes et le
ministre cachés.

César feint de dormir, les conjurés parais-
avec mystère, enveloppent le lit, font briller
leurs poignards et sont prêts à frapper quand
les gardes s'élancent et les terrassent ; ils sont
enchaînés ; deux conjurés sortent avec les
gardes : le troisième qui se trouve le propre
fils du ministre reste en scène.

SCENE XII.

LES PRECEDENS, excepté deux conjurés et les gardes.

Le jeune conjuré resté seul avec son père
et Auguste, en reçoit de vifs reproches,
tombe à ses genoux et témoigne son repentir:
le père joint ses prières à celles de son fils.

Auguste touché, relève le coupable, lui
ôte ses chaînes, lui pardonne et le remet dans
les bras de son père.

(Le Cadre se referme.)

SCENE XIII.

Les Preceeens, *Excepté les personnages du tableau.*

Diogène satisfait de la clémence du vain-
queur du monde, est prêt à lui adjuger la
palme ; le grand prêtre lui montre le livre
des destins, le cinique l'ouvre, et lit ce mot
qui le désabuse :

PROSCRIPTIONS.

Diogène désolé est prêt à abandonner ses
recherches, il prend sa lanterne et veut sortir ;
le prêtre le retient et lui persuade d'essayer
une troisième épreuve ; le rameau d'or
ouvre de nouveau les portes de l'avenir.

SCENE XIV.

Les Précédens, CHARLEMAGNE, PAIRS,
MAGISTRATS ET PEUPLE FRANÇAIS.

(Sujet du troisième tableau.)

*Charlemagne présidant le Champ de Maï,
auprès d'Aix-la-Chapelle.*

Charlemagne paraît, escorté de ses Pairs

et suivi de ses Chevaliers; il perce la foule du peuple qui entoure son trône, il y monte, tenant la main de Justice, et environné de la pompe impériale. Le trône est sur une riche estrade, les Pairs se placent de l'autre côté, les Chevaliers sont au centre, les soldats dans le fonds, sur le front de bandière d'un camp.

Les magistrats, prosternés aux pieds du trône, présentent à l'Empereur des Francs ses capitulaires.

Les chevaliers s'avancent pour combattre.

(Tournois à pied et à cheval.)

Charlemagne distribue les prix aux vainqueurs; en même-tems on lui présente des drapeaux conquis. Fanfare éclatante, grouppe général.

(Le cadre se referme.)

SCENE XV.

Les Precedens, excepté les personnages du tableau.

Diogène témoigne sa satisfaction du spec-

tacle pompeux déployé à ses yeux; il ne doute
plus que celui qui sait si bien combattre,
vaincre et administrer, mérite le titre glorieux d'homme.

Il va souffler la lumière sans consulter le
livre; le grand prêtre lui rappelle que ce livre est la véritable pierre de touche.

Le philosophe grec doute qu'on puisse sur-
passer jamais un héros tel que Charlemagne;
il semble ouvrir le livre des Destins par com-
plaisance : quelle est sa surprise en y voyant
ces mots tracés :

Division de l'Empire.

Cette fois il perd patience, il se croit cer-
tain que, dût - il descendre dans l'abime
des tems futurs, il ne trouvera jamais de héros sans tache qui surpasse ceux qu'il a en-
trevus dans l'avenir. Le Prêtre encourage le
philosophe à tenter une dernière épreuve, il
hésite et pourtant se laisse conduire vers le
cadre prophétique, qui, touché du rameau
divin, présente un nouveau spectacle.

SCENE XVI.

Les Précedens, Généraux, Soldats Français du dix-neuvième siècle, les Muses, les Arts, le Commerce, l'Abondance, la Victoire et la Paix.

(Sujet du quatrième et dernier tableau.)

L'inauguration de la statue équestre de Napoléon - le - Grand, environnée des Muses, des Arts, du Commerce, de l'Abondance, de la Victoire et de la Paix, qui lui font hommage des divers attributs qui les distinguent; dans le fond, l'armée française en bataille.

A l'aspect de ce tableau glorieux et touchant, Diogène court ouvrir le livre mystérieux et véridique. Rien n'égale son transport, en voyant les pages blanches et sans aucune tache, sur lesquelles on lit le seul mot : *VIR*. L'éclair brille, le tonnerre gronde, les Dieux semblent annoncer à l'ami de la sagesse qu'il a enfin trouvé l'*Homme* par excellence, qu'il avait envain cherché jusqu'à présent. Il souffle sa lanterne et se prosterne devant la statue du plus grand des héros.

SCENE XVII et dernière.

Les Precedens.

Tout-à-coup le temple, la fontaine, le tonneau et le cadre disparaissent. Le théâtre, dans toute son étendue, représente une campagne riante; dans le fond une chaîne de montagnes.

La cavalerie et l'infanterie françaises du dix-neuvième siècle se mêlent aux personnages allégoriques, en formant une marche vive, noble et brillante. Après la marche commencent des évolutions variées de toutes les armes de l'armée française.

EVOLUTIONS.

La Renommée descend du ciel, et pose sur la tête du Grand Homme la couronne de l'immortalité. Dans ce moment la Victoire, la Paix, les Muses, les Arts se grouppent autour du Héros dont le génie a créé tant de prodiges; et l'action se termine par un tableau géné........ I N.